AF402357

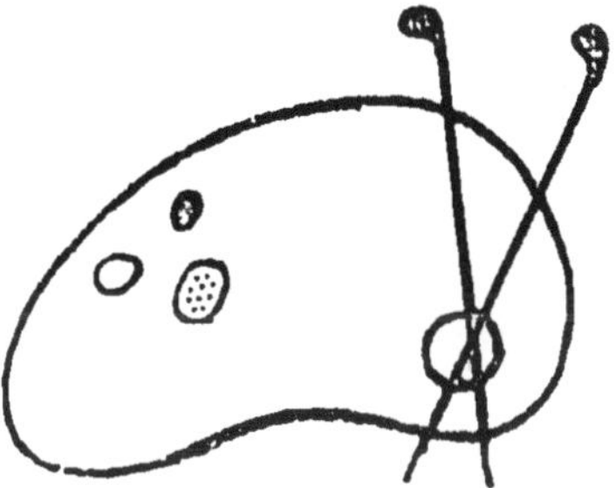

Début d'une série de documents
en couleur

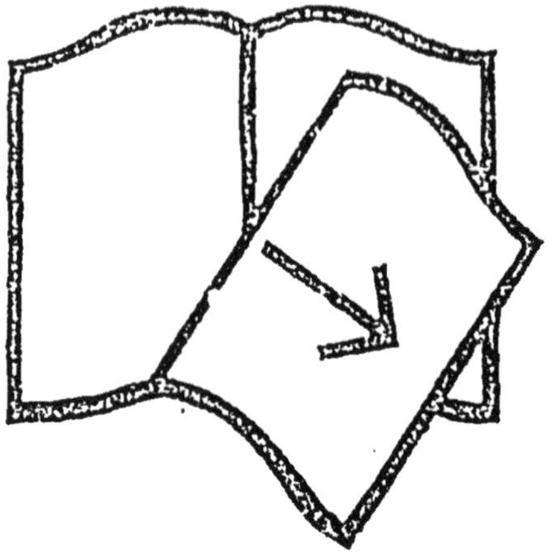

Couverture inférieure manquante

L⁷K
21327

THOMAS CORYATE

VOYAGE A·PARIS

(1608)

TRADUIT ET ANNOTÉ

PAR

Robert DE LASTEYRIE

PARIS

1880

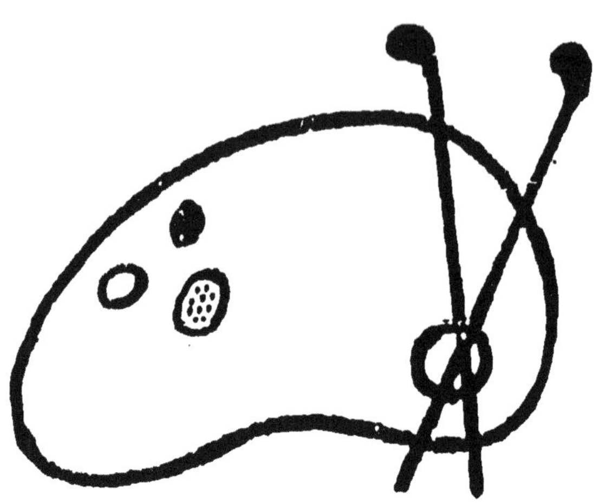

Original en couleur
NF Z 43-120-0

THOMAS CORYATE

VOYAGE A PARIS

Extrait du tome VI des *Mémoires*
de la *Société de l'histoire de Paris et de l'Ile-de-France*
(Pages 24 à 53).

THOMAS CORYATE

VOYAGE A PARIS

(1608)

TRADUIT ET ANNOTÉ

PAR

ROBERT DE LASTEYRIE

PARIS

1880

ERRATUM.

P. 16, l. 14. — Sur l'indication de M. Paul Meyer, je pense avoir trouvé dans Halliwell (*Dictionary of archaisms and provincialisms*) la véritable signification du mot *teste*, que je n'avais traduit que sous toutes réserves. Il signifie : canal, caniveau. Coryate parle sans doute de ces larges caniveaux en plomb qui recevaient l'égout des toits. Je crois donc qu'il faut traduire : « J'ai vu dans le mur un caniveau remarquable par sa longueur et sa largeur. Mais il..... »

VOYAGE A PARIS

DE THOMAS CORYATE

(1608).

S'il est intéressant de recueillir les anciennes descriptions de Paris, celles qui sont dues à la plume d'un étranger méritent une attention particulière. Outre, en effet, qu'il est toujours piquant de contrôler les jugements que portaient nos ancêtres sur les mérites de notre pays, par les jugements de leurs contemporains étrangers, il n'est pas rare de rencontrer, dans les récits des voyages que nos voisins ont faits chez nous, des détails négligés par les écrivains français.

On en jugera par les extraits suivants, que j'ai recueillis dans une longue relation de voyage, imprimée à Londres au commencement du xviiᵉ siècle, par un Anglais nommé Thomas Coryate, qui vers la fin du règne d'Henri IV visita, pour son agrément et son instruction personnelle, la France et une partie de l'Europe.

Coryate naquit, en 1577, à Odcombe, dans le comté de Somerset; c'est en 1608 qu'il commença ses voyages. Il visita successivement la France, l'Italie, l'Allemagne, les Pays-Bas; de retour dans sa patrie, il réunit les notes qu'il avait ramassées pendant son voyage et les publia en 1611 sous le titre de : *Coryat's Crudities*[1].

L'année suivante notre auteur repartit pour une expédition plus

---

1. Le titre complet est aussi long que bizarre. Il est ainsi conçu : *Coryat's crudities, hastily gobled up in five moneths trauells in France, Sauoy, Italy, Rhetia commonly called the Grisions country, Heluetia aliàs Switzerland, some parts of high Germany and the Netherlands; Newly digested in the hungry aire of Odcombe in yᵉ County of Somerset, & now dispersed to the nourishment of the trauelling members of this Kingdome.*

lointaine. Il s'en alla aux Indes, voyageant le plus souvent à pied, observant soigneusement tout ce qui se présentait à ses yeux, et le racontant en détail dans de longues lettres qu'il envoyait à ses amis d'Angleterre. Il visita cette fois Constantinople, Alexandrie, Jérusalem, Alep, les ruines de Ninive et de Babylone, Bagdad, l'Arménie, la Perse, le Lahore, Agra et Surate, où il mourut au mois de décembre 1617, sans avoir pu rédiger, comme il en avait l'intention, le résumé des innombrables observations qu'il avait faites pendant ce long voyage.

L'ouvrage de Coryate fut imprimé à Londres en 1611; célébré en prose et en vers, en grec et en latin, par tous les beaux esprits du temps, il eut un certain succès; et dès le commencement du siècle dernier, les exemplaires en étaient devenus extrêmement rares. Aussi le réimprima-t-on à Londres en 1776. Dans cette nouvelle édition, dont je me suis servi pour traduire les extraits qu'on trouvera plus loin, on a ajouté les lettres que Coryate écrivit pendant son voyage aux Indes, et les nombreuses pièces de vers que lui ont consacrées ses compatriotes. Ces compositions, toutes pleines de l'esprit facétieux et ilambiqué à la mode à cette époque, nous montrent le personnage sous l'aspect d'un homme naïf et d'humeur facile, ardent à tout voir et à tout entendre, touriste passionné, marcheur infatigable, doué, pour tout dire, des qualités et des défauts d'un esprit simple et d'un parfait original.

Les observations qu'il a recueillies au cours de ses voyages ont rapport aux sujets les plus divers. Les monuments des grandes villes qu'il traverse, les personnages de marque qu'il rencontre, les usages, les mœurs, les cérémonies publiques, les beautés du paysage, mille autres détails de toute nature, font l'objet de ses remarques. Il aime à comparer ce qu'il voit sur sa route aux objets du même genre que renferme son pays natal, mais il sait généralement se montrer impartial dans ces parallèles, et ne fait aucune difficulté pour reconnaître et proclamer en termes chaleureux les points par lesquels Paris l'emporte sur Londres, ou la France sur l'Angleterre. Il n'est injuste et passionné que sur un article, sur la religion. C'est un protestant convaincu, fanatique, plein de préjugés et de mépris pour les papistes. On en pourra juger par les réflexions dont il accompagne la description des cérémonies de la Fête-Dieu à Paris.

Dans les extraits que j'ai cru intéressant de traduire, on trouvera tout ce que Coryate a écrit sur Paris et sur les différentes localités de l'Ile-de-France qu'il a traversées dans le cours de son voyage. Sans ajouter rien de bien important à ce que nous savons actuellement du Paris d'Henri IV, la relation de Coryate contient sur le Louvre, sur les Tuileries, sur l'abbaye de Saint-Denis, sur le palais de Fontainebleau plusieurs menus détails que je n'ai pas trouvés dans d'autres auteurs. Ces détails paraissent exacts pour la plupart. Çà et là cependant on voit que l'auteur a écrit de souvenir, ou qu'il a mal compris les renseignements qu'il avait recueillis. J'ai cru devoir relever dans de courtes notes une partie de ses erreurs: celles qui sont trop flagrantes et qui sauteront aux yeux de tous nos lecteurs ne méritaient pas d'être signalées. J'ai cherché à donner à ma traduction la plus grande fidélité possible. Le style de Coryate est peu élégant, les répétitions, les obscurités, les périodes longues et embrouillées abondent dans ses récits. Si j'avais toujours voulu les éviter, j'aurais été obligé de m'éloigner souvent du sens littéral. J'ai cru préférable de suivre fidèlement mon auteur, l'intérêt de cette relation résidant dans le fond plutôt que dans la forme dont le mérite est fort contestable. On me pardonnera donc, je l'espère, le peu d'élégance de ma traduction, en tenant compte du soin que j'ai mis à donner une idée exacte du texte original.

Je pris le coche d'Amiens pour Paris, le vendredi 20ᵉ jour de mai [1] vers deux heures de l'après-midi, et j'arrivai sur les sept heures du soir à un village, distant d'Amiens de 14 milles, et que l'on nomme Breteuil. Dans ce parcours, je n'observai que deux choses : un village complètement ruiné et saccagé par suite des guerres civiles; et à quelques milles de ce côté de Breteuil, des vignobles, les premiers que j'eusse jamais vus.

Je quittai Breteuil le samedi 21 mai vers 5 h. du matin, et j'arrivai vers midi à une ville de la province de Beauvaisis, nommée Clermont, qui est située au sommet d'une colline à 14 milles de Breteuil.

Clermont est un ignoble petit endroit, n'ayant rien qui soit digne d'attention. J'y fis seulement la rencontre d'un franciscain, irlandais de naissance, qui me parut être un homme lettré et plein de moyens. Il allait alors à Abbeville pour y prêcher. Je fus étonné de le trouver aussi capable de causer de la politique et des affaires d'État de l'Angleterre, que personne de notre compagnie. Il parlait un assez bon anglais. Voici une autre chose que j'observai à Clermont. Au milieu d'une rue se dressait un gibet avec

---

1. Les dates du voyage de Coryate sont comptées suivant le calendrier julien. On sait que le calendrier grégorien n'a été adopté en Angleterre que depuis l'année 1752. Le vendredi 20 mai 1608 correspond au vendredi 30 mai de notre calendrier.

le portrait d'un certain individu nommé Antoine Peel, qui était représenté pendant à une potence. Au-dessous, son crime était raconté dans une proclamation qui ordonnait de l'arrêter. Ce tableau accroché au gibet signifiait que le coupable serait lui-même pendu, comme l'était son effigie, si on parvenait à le saisir. Cette coutume est très commune en France.

On voit encore à Clermont un vieux château en ruines, qui appartenait autrefois aux comtes de Clermont, dont le premier, Robert, était le plus jeune fils du roi sainᵗ Louis, et dont Henri IV, roi de France et de Navarre, récemment assassiné par ce monstre de Ravaillac, descendait en ligne directe.

Je partis de Clermont vers trois heures de l'après-midi, et vers six heures j'arrivai à une petite ville, nommée Saint-Leu, tout à côté du bac qui nous transporta dans l'Ile-de-France. Saint-Leu est à 12 milles de Clermont : je n'ai rien observé de curieux sur le parcours.

Le lendemain, qui était le dimanche de la Trinité[1], vers quatre heures du matin, je traversai une rivière, nommée l'Oise, qui sépare la Picardie de l'Ile-de-France. Ce jour-là, je dînai à Saint-Brice, paroisse située à 12 milles au-delà de Saint-Leu. Le pays entre Saint-Leu et Saint-Brice est extrêmement riche et fertile, il est couvert de champs de blé, principalement de seigle, de prairies, de pâturages, de bois, et traversé par de jolis ruisseaux ; un grand nombre d'élégantes et somptueuses maisons bordent les deux côtés de la route ; la plupart, paraît-il, appartiennent à des avocats de Paris. Çà et là s'élèvent de belles rangées de noyers. A trois ou quatre milles du point où l'on entre dans l'Ile-de-France, j'en ai remarqué une, la plus belle que j'aie jamais vue, elle avait bien 200 arbres sur une même file. A environ deux milles de ce côté de Saint-Brice, il y a sur le sommet d'une colline, au milieu d'un parc magnifique un splendide palais construit en belle pierre de taille blanche, avec un grand nombre de tourelles élevées. Cet endroit se nomme Ecouen. Il appartient à M. de Montmorency, le connétable de France[2]. Dix-sept villes et paroisses du pays relèvent de cette seigneurie à laquelle elles sont presque contiguës.

Je partis de Saint-Brice vers une heure de l'après-midi et j'ar-

---

1. 22 mai d'après l'ancien calendrier. 1ᵉʳ juin 1608 d'après le comput moderne.

2. Henri I de Montmorency, mort en 1614 à l'âge de 70 ans. Il était connétable depuis 1593.

rivai à Paris, qui en est éloigné de huit milles, le même soir vers
six heures. Voici ce que j'ai remarqué entre Saint-Brice et Paris :
sept beaux piliers de pierre de taille, élevés à égale distance les
uns des autres entre Saint-Denis et Paris. Sur chacun d'eux se
dresse une image en pierre de saint Denis l'Aréopagite, avec ses
deux compagnons Rustique et Eleuthère. Ce saint Denis était le
disciple de saint Paul, il fut le premier à prêcher l'évangile dans
les Gaules. On trouve dans certains auteurs ecclésiastiques un
discours de lui qui commence ainsi : *Aut Deus naturæ patitur,
aut mundi machina dissolvetur.* Il le prononça en Égypte, où il
s'adonnait à l'étude, quand il vit l'admirable éclipse de soleil, qui
eut lieu à la mort du Christ et qui est mentionnée dans les Évan-
giles. Voici le motif qui a fait élever ces piliers ou croix en l'honneur de saint Denis : on raconte — et de fait la légende des Saints
composée par Jacques de Voragine, évêque de Gênes, l'affirme —
que lorsqu'il alla de Paris, où il avait été décapité pour sa foi, à
une jolie ville à quatre milles de là, qui porte aujourd'hui son
nom, il s'arrêta sept fois en route en portant sa tête dans la main.
Le miracle est trop grand pour être vrai, quoique j'aie entendu
parler d'un fait semblable à Zurich, la ville métropolitaine de la
Suisse, comme je le rapporterai plus loin dans mes observations
sur cette ville.

Un peu en avant de Paris, presque à l'extrémité de la ville, se
dresse le plus beau gibet que j'aie jamais vu; il est construit sur
un petit monticule, nommé Montfaucon, et consiste en quatorze piliers de belle pierre de taille. Ce gibet a été élevé à
l'époque du massacre ordonné par les Guises, pour pendre l'amiral de France, Châtillon, qui était protestant [1] (*Anno Dom.* 1572).

---

1. Les renseignements donnés par Coryate sur le gibet de Montfaucon ne
sont pas parfaitement exacts. Tout le monde sait que si l'amiral de Coligny
y fut pendu, ce n'est pas pour lui que le gibet fut élevé. Il datait du xiiiᵉ ou
du xivᵉ siècle et avait été en grande partie reconstruit en 1416. Enfin on y
comptait non pas 14, mais 16 piliers de pierre de taille, comme le prouve ce
quatrain de la satyre Ménippée :

> A chacun le sien c'est justice,
> A Paris seize quarteniers;
> A Montfaucon seize piliers,
> C'est à chacun son bénéfice.

C'est le même nombre qu'indique Sauval (*Antiquités de Paris*, t. II, p. 583).
Cf. La Villegille, *Des anciennes fourches patibulaires de Montfaucon* (in-8ᵉ,
1836), p. 28, 29, 39, etc., et Firmin Maillard, *Le Gibet de Montfaucon*
(in-8ᵉ, 1863).

Mes observations sur Paris.

Jules-César Scaliger a écrit cet hexastique en l'honneur de Paris :

> Francigenæ Princeps populosa Lutetia gentis,
>   Exerit immensum clara sub astra caput.
> Hic civis numerum, ars pretium, sapientia finem
>   Exuperant, superant thura precesque Deos.
> Audiit obstupuitque hospes, factusque viator
>   Videt et haud credidit ipse suis.

Cette ville est extrêmement grande; elle n'a pas moins de dix milles de tour. Elle est très peuplée et remplie d'élégantes constructions publiques et privées, dont la plupart sont en belle pierre de taille blanche. La nature l'a, du reste, plus richement pourvue de pierres qu'aucune des villes de la chrétienté dont j'aie jamais entendu parler. Car toute la ville, y compris les faubourgs, est bâtie sur une vaste carrière, qui s'étend sous une grande partie du territoire voisin de la cité, et qui fournit une quantité inépuisable de pierre de taille. La ville est ronde et environnée de très anciens murs de pierre, qui furent construits par Jules César, quand il y résida pendant la conquête de la Gaule, ce qui l'avait fait appeler autrefois la ville de Julius [1]. Dans ces murs il y a actuellement quatorze belles portes. Quant à son nom de Paris, elle le doit, d'après certains auteurs, à Pâris, le dix-huitième roi de la Gaule Celtique, que quelques-uns font descendre en droite ligne de Japhet, l'un des trois fils de Noé, et auquel on attribue la fondation de la ville. Mais c'est bien plutôt le nom de *Lutetia* qu'elle mérite! *Conveniunt rebus nomina sæpe suis*, car elle est ainsi appelée du mot latin *lutum*, qui veut dire boue, et beaucoup de ses rues sont les plus sales et par suite les plus puantes que j'aie vues de ma vie dans aucun pays.

Paris est divisé en trois parties, l'Université, la Cité et la Ville, par la noble rivière *Sequana,* nommée communément la *rivière de Seine,* qui prend sa source dans une certaine montagne de

---

1. Les très anciens murs dont parle Coryate remontaient non à Jules César, mais à Philippe-Auguste et à Charles V. Je crois inutile de relever quelques autres erreurs de même taille qu'on trouve çà et là dans le récit de notre voyageur.

Bourgogne, nommée *Voga*, près du peuple de Langres, en latin
Lingones.

L'Université dont je ne puis dire grand chose — car à mon
grand chagrin, j'ai omis d'en observer les particularités comme il
convenait à un voyageur attentif, et je n'ai vu qu'un de ses prin-
cipaux collèges, à savoir cette fameuse Sorbonne, féconde pépi-
nière de théologiens, — l'Université, dis-je, fut instituée en
l'an 796 par le bon empereur Charlemagne[1], qui eut recours pour
l'établir à notre célèbre compatriote Alcuin son maître, et l'élève
du vénérable Bède.

Pour en revenir à cette noble rivière de Seine; on était en train
d'y construire à l'époque où j'étais à Paris, un beau pont de pierre
de taille blanche, qui était presque terminé[2]. Il y a un autre
pont célèbre dans cette ville, bien plus remarquable que celui
dont je viens de parler, car on a construit dessus une des plus
belles rues de toute la cité; on nomme cette rue en français *la rue
de Nostre-Dame.* J'ai entendu dire que ce pont avait été bâti par
Jucundus, l'un des évêques de la ville, ce qui a inspiré cet élégant distique :

> Jucundus duplicem struxit tibi Sequana pontem,
> Hunc tu jure potes dicere Pontificem.

L'auteur appelle ce pont *duplicem*, parce qu'il y avait à côté un
autre pont, nommé le Petit-Pont[3], qui fut bâti à la même époque
par le même évêque.

---

1. On peut voir dans Du Boulay, *Historia Universitatis Paris.*, t. I, p. 96,
un prétendu diplôme de Charlemagne, qui consacre cette prétendue fondation.

2. Le Pont-Neuf, dont la première pierre fut posée en 1578. Le gros
œuvre fut terminé en 1603. Le 20 juin de cette année, le roi Henri IV tra-
versa la Seine sur le nouveau pont. Mais les quais et les abords du pont ne
furent terminés qu'à la fin du règne d'Henri IV. (Fournier, *Histoire du Pont-
Neuf*, p. 106, 111 et suiv.)

3. Il est à peine besoin de faire remarquer que le pont Notre-Dame était
l'œuvre non pas de Jucundus, évêque de Paris qui n'a jamais existé, mais de
fra Giocondo, dominicain de Vérone, qui fut appelé d'Italie par le roi
Louis XII, pour diriger les travaux. Malgré la tradition populaire, admise
dans le distique cité par Coryate, il n'est pas certain que fra Giocondo ait
fourni les plans du pont Notre-Dame. Les registres des délibérations de la
ville de Paris le nomment seulement « contrôleur de la pierre » et désignent
comme surintendants de l'œuvre Jean de Doyac et Colin de La Chesnais
(Voir *Paris à travers les Ages*, la Cité, p. 11). Il est probable cependant
qu'il eut la plus grande part dans la conception de ce bel ouvrage, et que la

Il y a encore trois autres beaux ponts sur la rivière; le Pont-au-Change, où habitent les orfèvres; le pont Saint-Michel, et le Pont-aux-Oiseaux, jadis nommé le Pont-aux-Meuniers. On l'appelle le Pont-aux-Oiseaux, parce que toutes les enseignes des boutiques qui le bordent des deux côtés représentent des oiseaux.

L'église cathédrale est dédiée à Notre-Dame; elle est loin d'être aussi belle que Notre-Dame d'Amiens. Je n'y ai rien trouvé à noter, qu'une statue de saint Christophe à main droite en entrant par la grande porte; cette statue est vraiment d'un fort beau travail. Tout le reste est ordinaire et j'en ai vu autant dans d'autres églises.

La rue qu'on appelle la rue Notre-Dame est fort belle[1], je l'ai déjà dit. Elle est très longue, mais non aussi large que notre Cheapside à Londres. Sous un rapport toutefois elle surpasse toutes les rues de Londres. Ses maisons sont complétement uniformes, elles sont construites sur un même plan et avec les mêmes matériaux; il en résulte qu'aucune rue dans Paris ne présente un plus bel aspect.

La rue Saint-Jacques est toute pleine de libraires, dont les boutiques sont abondamment fournies de livres.

J'ai été visiter le Palais, bâti par Philippe le Bel en 1313[2]. C'est

---

voix publique est d'accord avec la justice en lui en attribuant le mérite.

On prétend que le distique composé à la gloire de Giocondo était gravé sous une des arches du pont, mais Sauval déclare l'avoir vainement cherché, et l'on remarquera que Coryate ne dit pas l'avoir vu gravé sur le pont.

1. La rue Notre-Dame, formée par la double rangée de maisons élevées sur le pont Notre-Dame, était effectivement une fort belle rue. Elle comptait 68 maisons (34 de chaque côté), toutes uniformément bâties en brique et pierre. Elle fut construite de 1506 à 1512. Les auteurs du xvie et du xviie siècle sont unanimes à en vanter l'élégance. Corrozet, Philippe de Vigneulle, Sauval en parlent avec admiration.

Du Cerceau, dans une planche inachevée et fort rare, destinée à son 3e volume des *Plus beaux bâtiments de France*, en a donné une vue qui permet d'en admirer la belle ordonnance. Une fausse légende gravée au bas de la planche a fait croire qu'elle représentait le pont Saint-Michel, mais notre savant confrère M. Jules Cousin a tout récemment reconnu que c'était une vue du pont et de la rue Notre-Dame, vue particulièrement intéressante, car c'est la seule qui représente d'une façon exacte l'ornementation de la rue avant les modifications qu'on y fit à l'époque du mariage de Louis XIV. (Voir *Paris à travers les Ages*, la Cité, fig. 7.)

2. Il est à peine nécessaire de faire observer que le Palais existait bien avant Philippe le Bel, et que si ce prince y fit faire de grands travaux,

là que se tient la Bourse, c'est-à-dire un endroit où les marchands
se réunissent à une certaine heure du jour, comme le font nos
marchands à Londres. Mais ce n'est pas à comparer au lieu de
réunion de nos marchands de Londres, car c'est une simple cour
pavée *sub dio*, c'est-à-dire en plein air. On y vend bon nombre
de curieuses et jolies choses[1], et l'on y voit deux ou trois
belles galeries, mais ni pour la longueur, ni pour l'élégance de
la toiture, ni pour la beauté du travail, on ne peut comparer
la Bourse de Paris à celle de Londres[2]. Il y a dans ce Palais
divers beaux bâtiments, dont l'un très large, très spacieux et très
élevé, orné d'élégants piliers de pierre de taille, sert de lieu de
rendez-vous aux avocats, aux hommes de loi et à toutes sortes de
gens. C'est pour les Français ce qu'est, pour nous autres Anglais,
notre Westminster-Hall. Un peu en arrière de cette salle, se
trouve une autre magnifique pièce, où les juges tiennent séance.
C'est là que les avocats et hommes de loi plaident et discutent les
procès. J'y ai vu deux vieux juges à l'air grave, siégeant en robes
rouges, à côté de plusieurs hommes de loi en robes noires,
revêtus de pèlerines et d'autres insignes, qu'ils portent les jours
de séance, comme les marques de leur profession. Le plafond de
cette salle est très riche; il est magnifiquement doré et sculpté, et
l'on y voit suspendus un grand nombre de longs culs de lampe
également dorés[3].

Le 23 mai, qui était le lundi de la Trinité, j'allai dans l'après-
midi au palais du roi, que l'on appelle le Louvre. Ce palais fut
construit par le roi de France, Philippe-Auguste, vers l'an 1214;
plus tard, commençant à menacer ruine, il fut réparé avec une
grande magnificence par Henri II. On y remarque une belle cour
carrée, entourée d'élégants bâtiments élevés de quatre étages,
dont l'extérieur en pierre de taille blanche est admirablement tra-

---

d'autres constructions non moins importantes y avaient été faites sous saint
Louis et se voyaient encore au xvii° siècle.

1. La petite cour du palais où se tenait la Bourse s'appelait aussi la
place du Change. Coryate confond toute cette partie du palais et de ses
galeries marchandes avec l'endroit réservé aux *boursiers* du temps.

2. Coryate veut parler du Royal Exchange, magnifique bâtiment élevé
aux frais de sir Thomas Gresham, en 1566. (Voir Pennant, *Some account
of London*, éd. 1813, p. 578.)

3. Cette chambre était celle des lits de justice. Son splendide plafond la
faisait appeler la *chambre dorée*. C'est là que se voyait le tableau bien connu
qui est aujourd'hui conservé à la Cour de cassation.

vaillé et orné d'imposantes colonnes et de belles sculptures de la
même pierre. Pour arriver au vestibule, il y a trois ou quatre
montées d'escalier, dont l'une, formée d'un grand nombre de
degrés, est assez belle[1]. Le plafond qui couvre cet escalier est
extrêmement remarquable. Il est fait de *fornicato seu concame-
rato opere*, c'est-à-dire voûté avec des moulures d'un travail
magnifique, au milieu desquelles se détachent des grappes de
raisin et autres objets admirablement sculptés.

La grand'chambre[2] est très grande, très large et très élevée. Elle
a un plafond doré et richement caissonné; la chambre qui suit
celle-ci est la chambre de parement; elle est très belle, elle est ornée
d'un plafond admirablement riche, qui, bien que fait en chêne
sculpté, est si richement doré et avec tant d'art, qu'un étranger, au
premier coup d'œil, le croirait de laiton ou d'or battu.

J'ai également visité une chambre qui sert souvent de chambre
à coucher à la reine Marie[3]. J'y vis une espèce de balustrade qui
entoure la place réservée au lit, et qui est formée de jolis petits
balustres richement dorés. J'entrai ensuite dans une pièce qui, à
mon avis, est dans son genre non-seulement ce qu'il y a aujour-
d'hui de plus beau au monde, mais encore la plus magnifique
chose que l'on ait faite depuis que la terre est créée, c'est une galerie[4],
dont la description demanderait à elle seule un gros volume.
Elle est divisée en trois parties, deux parties terminales et entre
elles un très long et très spacieux promenoir. A l'époque où j'étais
à Paris, l'un des côtés était à peu près terminé. On y voyait bon
nombre de beaux portraits de rois et de reines de France peints à
l'huile et enchâssés dans le bois des lambris. La voûte d'une
beauté et d'un éclat admirable est couverte de peintures à l'antique. On y voit représenté Dieu et les anges, le soleil, la lune,
les étoiles, les planètes et les signes du zodiaque[5]. Tout cela est si

---

1. Coryate parle ici de l'escalier de Henri II.

2. C'est la pièce qui se trouvait entre l'escalier de Henri II et le salon des
sept cheminées.

3. C'est une des pièces qui ont formé la salle des sept cheminées.

4. C'est l'ancienne galerie d'Apollon; voir Chennevières, *La galerie
d'Apollon*, 1851, in-16.

5. Sauval a longuement décrit la décoration de cette belle galerie, dont les
peintures étaient l'œuvre de Dubreul, Bunel et Porbus. (Sauval, *Recherch.
des antiq. de Paris*, t. II, p. 37-40. — Chennevières, *Notice sur la galerie
d'Apollon*, p. 9 et suiv.)

incomparablement beau qu'on ne peut s'en faire une idée si on ne
l'a vu de ses propres yeux. A l'entrée de la grande galerie[1] s'ouvre
une élégante porte ornée de quatre magnifiques colonnes de
marbre couleur de chair, veiné de blanc. Cette galerie a environ
dix de mes pas en largeur, et plus de cinq cents en longueur, ce
qui fait au moins un demi-mille. Les deux côtés de cette longue
galerie sont divisés en quarante-huit beaux panneaux de pierre de
taille, mesurant chacun environ douze pieds de longueur; entre
ces panneaux s'ouvrent de belles fenêtres. Les murs ont au moins
deux yards[2] d'épaisseur. La galerie est couverte d'ardoise bleue,
comme notre tuile de Cornouailles. A l'extérieur, sur le mur qui
donne sur la Seine, on voit quatre pilastres imposants en pierre
de taille blanche, curieusement sculptés, qui embellissent singuliè-
rement la façade extérieur du monument. A l'ouest de la galerie
il y a un magnifique jardin divisé en huit parterres[3] de brode-
ries. La grande galerie, lorsque je l'ai visitée, n'était pas encore
achevée, il n'y avait encore que la moitié du plancher de posé et
le plafond n'était que dégrossi. Les fenêtres et les parties pleines
qui les séparent n'étaient pas au quart finies. On assure que toute
la galerie ressemblera à la première portion qui est presque achevée. Au bout de la grande galerie, il y avait à cette époque
deux cents maçons qui travaillaient chaque jour à terminer le
bâtiment qui doit faire suite à l'autre extrémité. Près de cette
extrémité de la galerie se voit un beau palais nommé les Tuileries où résidait la reine mère, et qui fut bâti par elle. Ce palais
se nomme les Tuileries, parce qu'on fabriquait autrefois de la
tuile sur l'emplacement qu'il occupe aujourd'hui; et le mot *tui-
lerie* signifie en français un endroit où l'on fabrique de la tuile.

Le jeudi 26 mai, jour du *Corpus Christi*, je suis allé à ce
palais des Tuileries, qui sera relié au Louvre par la fameuse galerie dont j'ai parlé plus haut.

Le palais des Tuileries est un magnifique monument rempli
de somptueux appartements. La chambre de parement est
admirablement belle, elle a un plafond peint à l'antique. Les

---

1. Coryate parle maintenant de la galerie du bord de l'eau.
2. Le *yard* contient 914 millimètres.
3. C'est sans doute le jardin de Mademoiselle, qui était placé au nord de la
galerie du bord de l'eau, mais à l'ouest, par rapport à la galerie d'Apollon
et au Louvre. Les plans anciens montrent qu'il était effectivement divisé en
huit parterres.

côtés et les extrémités de cette chambre sont ornés de curieux tableaux à l'huile. J'y ai remarqué entre autres choses les neuf muses supérieurement peintes. Une des chambres intérieures a un plafond doré d'un grand prix; dans cette même pièce on voit une table formée d'une si grande variété de marbres de couleur, et si finement incrustée d'ivoire (genre de travail qu'on nomme en latin *cerostratum*), qu'elle est estimée cinq cents livres. Les escaliers sont fort beaux, ils sont bordés par une élégante rampe en pierre blanche, supportée par de petits balustres de cuivre. L'escalier est en spirale[1], il est surmonté d'un magnifique plafond percé d'ouvertures semblables à des fenêtres et qui laissent entrer l'air. Sur le côté méridional du palais il y a une belle terrasse à ciel ouvert, recouverte en plomb. J'ai vu dans le mur une remarquable pièce de plomb, fort longue et fort large. Mais elle était si déchirée qu'elle était toute détériorée[2]. On a une fort jolie vue par dessus la balustrade[3] de cette terrasse sur le jardin des Tuileries, qui est le plus magnifique jardin que je connaisse, si l'on considère l'étendue de ses délicieuses allées. Mais il est fort inférieur sous le rapport des fontaines et des sources au jardin du roi à Fontainebleau. J'y ai surtout remarqué deux allées de près de 700 pas de long; l'une d'elles est artistement recouverte d'un berceau de treillage, et les bouquets de feuillage des érables qui la bordent des deux côtés se rejoignent si bien audessus de l'allée qu'ils la recouvrent entièrement. Cette promenade couverte a six tonnelles en saillie qui s'élèvent comme des tourelles à une grande hauteur. On remarque encore dans le jardin des Tuileries une spacieuse pièce de gazon, des parterres soigneusement tenus par de nombreux jardiniers, et deux fontaines

---

1. C'est le grand escalier construit par Bullant, dans le pavillon central, et que Louis XIV détruisit plus tard.

2. Je ne sais à quoi Coryate fait ici allusion, et je ne suis pas sûr d'avoir bien compris sa phrase. Voici le texte original : « On the southside of the Pallace there is a fair walke leaded, but without any roofe, where I saw a goodly peece of leate in the wall of a great length and breadth. But it was so hackled that it seemed to be much blemished. »

3. « Over the railes. » Le mot *raile* signifie proprement une balustrade en fer. Du Cerceau, dans le dessin qu'il nous a laissé des Tuileries, n'a pas figuré cette balustrade; mais dans plusieurs anciennes gravures on la voit représentée, et le texte de Coryate prouve que le continuateur de la *Topographie historique du vieux Paris* (t. II, p. 252) a eu tort de récuser le témoignage de ces gravures.

ornées de deux vieilles statues en pierre fort anciennes. On y voit
aussi un beau vivier carré, entièrement construit en pierre jusqu'au fond même. On n'y a encore mis ni eau, ni poisson, mais
on le remplira bientôt. J'ai vu faire de grands travaux pour la
pose des conduites en plomb, qui amèneront l'eau dans ce bassin[1].
Au bout du jardin il y a un écho remarquable. J'y ai entendu un
chanteur français fort habile à faire les trilles, y chanter avec tant
d'art que l'écho en renvoyant le son semblait faire entendre trois
voix en même temps.

Puisque j'ai parlé du jour du Saint-Sacrement, je vais décrire
les cérémonies pompeuses, qui, suivant l'usage, furent célébrées à cette occasion dans les rues de la ville. Les Français
nomment ce jour-là la Fête-Dieu. Cette fête fut instituée par le
pape Urbain IV, sur le conseil de saint Thomas d'Aquin, peu
avant le règne de l'empereur Rodolphe de Habsbourg.

Le jour donc de la Fête-Dieu, vers 9 heures du matin, j'allai à
la cathédrale dédiée à Notre-Dame (comme je l'ai déjà dit), et j'y
restai jusqu'à la fin des étranges cérémonies qui y furent célébrées.
Je fus content d'y assister non par dévotion (comme Dieu le καρ-
διογνώστης le sait bien), mais par curiosité, car c'était la première
fois que je voyais pareille chose, et j'espère bien que ce sera la
dernière. J'étais à peine entré dans la cathédrale, quand une quantité de gens d'église en sortit en chantant; ce qu'ils continuèrent à
faire pendant toute la durée de la procession. Ils marchaient les
uns seuls, les autres par couples, les uns en surplis, les autres
revêtus de chapes, dont quelques-unes étaient extrêmement riches
et pouvaient, je crois, valoir au moins cent marcs la pièce. Dans le
même cortège, on voyait de nombreux couples d'enfants de chœur,
dont beaucoup n'avaient pas plus de huit ou neuf ans, et bien
peu plus de douze ans. Ces pauvres innocents avaient été si complètement défigurés par ceux qui les conduisaient, qu'ils ne pouvaient manquer d'exciter la compassion d'un spectateur sensible,
on ne leur avait pas laissé sur la tête le quart des cheveux qu'ils
avaient en sortant des entrailles de leur mère, et leur crâne était
rasé si nettement qu'il n'y restait plus que la racine même des
cheveux. Triste spectacle à mon avis, quoique les papistes le con-

---

1. Voici qui donne la date exacte de la construction de l'étang des Tuileries, que l'on ne connaissait pas. (Voir la *Topographie historique du vieux
Paris*, t. II, p. 95.)

sidèrent comme pieux. Le dernier membre du cortège était l'évêque de Paris[1]; c'était un homme d'environ trente-cinq ans, plein de dignité et d'aussi bonne mine qu'homme que j'aie vu dans toute la ville. Il ne marchait pas, comme les autres, *sub dio*, c'est-à-dire en plein air, mais sous un très riche dais, soutenu de chaque côté par de nombreux petits piliers, que des prêtres portaient au-dessus de lui. L'évêque était ce jour-là dans toutes ses splendeurs; il portait des ornements de grand prix; comme un autre Aaron, il tenait en main le bâton épiscopal, recourbé au sommet, que nous appelons crosse; sa tête était coiffée d'une mitre de drap d'argent avec deux longs fanons qui lui pendaient sur le dos. Les rues de Paris étaient ornées avec une splendeur exceptionnelle. Dans les rues de quelque importance, les maisons étaient recouvertes de haut en bas de riches draps d'Arras et des plus belles tapisseries qu'on eût pu se procurer. La rue Notre-Dame surpassait de beaucoup toutes les autres par la pompe extravagante de ces étalages.

Pour ajouter à la splendeur de la fête on avait disposé, dans beaucoup de rues, des dressoirs recouverts d'argenterie, comme je n'en ai jamais vu de ma vie, car on y avait rassemblé des vases du plus grand prix, et tout ce qui peut se faire de plus luxueux en fait d'orfèvrerie. Au milieu de tout cela se voyaient des crucifix dorés et d'autres magnifiques objets. Dans beaucoup d'endroits, à côté de ces riches dressoirs, on avait arrangé avec un art vraiment incroyable des rocailles d'où s'échappait de l'eau bien claire par de petits robinets, au milieu de mousses et de cailloux comme on en trouve dans les rochers, et que nous appelons en latin *tophi*. Le pieux cortège, dans sa promenade à travers les rues de Paris, spécialement dans la rue Notre-Dame, était accueilli avec des honneurs vraiment divins. Partout où l'évêque portait le sacrement, c'est-à-dire une hostie consacrée entre deux figures d'anges en or, quand il passait auprès d'un groupe, tous les spectateurs se jetaient humblement à genoux, et élevaient leurs mains avec le plus grand respect, et dans l'attitude la plus religieuse, adorant ce petit pain à cacheter qu'ils appellent le sacrement de l'autel, avec autant de ferveur qu'ils pourraient le faire pour Jésus-Christ lui-même, s'il était présent corporellement au milieu d'eux. Si quelque protestant sincère, ennemi des superstitions, se

---

1. Henri de Gondi, évêque de Paris de 1598 à 1622, cardinal en 1618.

trouvait là quand tout ce monde s'agenouille, et qu'il manquât
d'honorer le sacrement comme les autres, je crois qu'il serait mas-
sacré ou tout au moins fort maltraité si on le remarquait. Après
deux heures consacrées à ces scènes pompeuses, je n'ose dire théâ-
trales, la procession rentra dans l'église Notre-Dame, où commença un long et ennuyeux office qui dura bien deux heures avec
accompagnement d'excellente musique, et deux ou trois messes
solennelles célébrées par l'évêque en personne, en gants violets
tout couverts de pierreries étincelantes avec de riches anneaux
aux doigts. Le même jour après diner je vis répéter la même
cérémonie, avec la reine Marguerite, la femme divorcée du roi,
portée dans les rues à dos d'hommes, sous un riche dais. Enfin
vers quatre heures la fête prit fin, tous les prêtres retournèrent à
Notre-Dame avec leur sacrement et terminèrent les cérémonies du
jour en disant leurs vêpres.

Il n'y a pas de sessions à Paris comme à Londres, mais une
seule session, qui continue toute l'année, de sorte que toutes les
semaines de l'année, excepté pendant le temps des vendanges,
c'est-à-dire en septembre, les gens de loi se réunissent au palais
pour discuter les affaires. On ne vient pas à Paris de toutes les
parties de la France pour se faire rendre justice, comme on vient
à Londres des comtés les plus éloignés de notre pays. Ce serait
en effet un grand dérangement et une grande dépense pour les
habitants des provinces d'être obligés d'aller à Paris, la capitale
étant éloignée de quatre ou cinq cents milles au moins de certaines provinces. Aussi pour éviter cet inconvénient, a-t-on créé
des parlements dans certaines villes principales, et tous ceux qui
habitent dans leur ressort y vont porter leurs instances. Ces
villes sont au nombre de huit : Paris dans l'Ile-de-France, Tou-
louse en Languedoc, Rouen en Normandie, Bordeaux en Aqui-
taine, Aix en Provence, Grenoble en Dauphiné, Dijon en Bourgogne, Rennes en Bretagne.

J'ai remarqué à Paris une grande quantité de mules. C'est une
monture si estimée que les juges et conseillers les montent habi-
tuellement en housses.

J'ai noté de même que les gentilshommes et les personnages
de marque ont, quatre fois plus qu'à Londres, l'habitude de
mettre des housses aux chevaux qu'ils montent.

On prétend posséder à Paris la couronne d'épines dont le Christ
fut couronné sur la croix. On la garde au palais. On la montra

au public le jour de la Fête-Dieu, dans l'après-midi, mais je n'eus
pas la chance de la voir. A vrai dire, j'admire les contradictions des
papistes et leur vanité ridicule en fait de reliques, surtout à pro-
pos de cette couronne d'épines du Christ. Car, étant allé plus tard
à Vicence en Italie, on m'apprit que l'on y conservait dans le couvent des dominicains cette même couronne, que saint Louis, roi
de France, aurait donnée à son frère Barthélemy, évêque de
Vicence, et auparavant moine dominicain[1]. Je m'empressai de me
rendre à ce couvent et demandai à la voir, mais ce fut en vain :
on me répondit qu'elle était enfermée derrière trois ou quatre
serrures, et qu'on ne la montrait jamais à personne, sauf le jour
de la Fête-Dieu. Mais si cette couronne de Paris, dont on fait
tant de bruit, est authentique, celle de Vicence est donc fausse !
Voilà la vérité et l'authenticité des reliques papistes.

Je suis descendu au faubourg Saint-Germain dans la maison
d'un protestant français, qui combattit les papistes pendant les
guerres civiles, et fut grièvement blessé. Il m'a montré ses bles-
sures. Il se nommait Monsieur de la Roy.

Il est une chose qui m'a enchanté, que je désirais par dessus
tout, et à laquelle j'avais souvent pensé avant de venir à Paris,
c'était de voir et de connaître Isaac Casaubon, ce prodige de
science. J'eus mainte occasion de causer familièrement avec lui
dans sa maison située en ville auprès de la porte Saint-Germain.
Je l'ai trouvé très affable et très courtois, très savant dans ses discours, et d'autant plus disposé à s'entretenir avec moi, que je lui
parlais davantage de ses doctes ouvrages, dont j'ai lu plusieurs.
Car cet homme (la gloire du protestantisme français) a publié
pour le plus grand profit et utilité de la république des lettres un
grand nombre d'excellents ouvrages, par exemple : les Œuvres
d'Aristote en grec et latin (la traduction latine n'est pas de lui),
des annotations sur Strabon, Diogène Laerce, Suétone, les lettres
de Pline, Théocrite et Perse, Athénée accompagné d'un docte
commentaire, les caractères de Théophraste, une traduction de
Polybe, un savant discours *de Satira Romana et Græca*, *Apu-
leii Apologia*, *Gregorii Nysseni Epistola de euntibus Hier.*

---

1. La ville de Vicence n'a jamais prétendu posséder la couronne d'épine
mais seulement une épine de cette couronne que saint Louis donna, en 126
à l'évêque Barthélemy. (Voir Ughelli, *Italia sacra*, t. V, col. 1052.) Inuti
de faire observer que cet évêque n'appartenait de près ni de loin à la famil
de saint Louis.

solymam, *Inscriptio antiqua*, *Historia Augusta*. Ces fruits
d'une rare érudition lui ont valu une grande réputation dans
tout le monde chrétien. Je suis convaincu qu'il est aussi fameux
en France pour son admirable science que put l'être en son temps
Guillaume Budé. Cet homme sans pareil a eu récemment l'heu-
reuse inspiration de quitter la France pour émigrer dans notre
île renommée de la Grande-Bretagne, à la plus grande joie de
tous les hommes instruits de notre pays, qu'il éclaire infiniment
par le radieux éclat de son admirable érudition. J'ai eu moi-
même une fois, depuis son arrivée chez nous, le bonheur de jouir
de son précieux commerce. Il m'a fourni deux observations dignes
d'être notées, et que je ne veux pas plus longtemps passer sous
silence. L'une, c'est qu'il est fort malheureux qu'il ne se soit pas
trouvé en Angleterre quelque homme instruit pour raconter en
bon style la vie et la mort de la reine Elisabeth, afin de trans-
mettre à la postérité la mémoire de cette reine si fameuse, si pieuse
et si éclairée, comme un modèle vivant pour tous les princes
chrétiens, sinon à imiter, du moins à admirer. A coup sûr il serait
bien à désirer que quelque homme de grand savoir — et à mon
avis notre pays en est aussi richement pourvu qu'aucune autre
nation dans la chrétienté — voulût bien entreprendre une tâche
si louable pour consacrer et immortaliser les rares qualités de cette
reine incomparable, si justement nommée le phénix de son sexe.
Cette œuvre, si elle était bien réussie, serait favorablement reçue
non-seulement par les hommes instruits de notre pays, mais encore
par toutes les nations étrangères qui pratiquent la religion réfor-
mée. Plaise à Dieu que ces quelques lignes dans lesquelles j'ai
résumé les paroles d'un illustre savant puissent inspirer à quelque
travailleur émérite l'idée d'entreprendre cette œuvre importante.

La seconde observation [dont je suis redevable à Casaubon]
fut que je pourrais voir le lendemain matin, en parcourant les
rues, certaine cérémonie profane et superstitieuse des papistes,
qu'on pourrait justement comparer à une cérémonie que les
païens en Grèce nommaient κατιτοφέρια, ce qui signifie transport
d'une litière. Car de même qu'à certains jours les Grecs prome-
naient solennellement une litière sur laquelle on déposait les
statues de leurs dieux; de même, me dit Casaubon, vous pourrez
voir demain, qui est le jour du *Corpus Christi*, promener par la
ville, à la façon païenne, une litière, ou plutôt un dais dont la
forme ressemble à une litière, et sous lequel marche l'évêque de

Paris accompagné de prêtres qui portent le Sacrement. C'est ce
que je vis en effet avec d'autres étranges cérémonies, ainsi que
je l'ai écrit ci-dessus.

Dans l'église de l'abbaye de Saint-Germain, qui est située dans
un des faubourgs de la ville, je vis un moine gris confesser une
jolie dame, ce que je mentionne ici parce que c'est la première
fois que je vis confesser.

Voilà pour Paris.

J'allai à Saint-Denis, qui est à quatre milles de Paris, le mardi
24 mai, après dîner. J'y vis bien des choses remarquables. Je
traversai d'abord un cloître avant d'entrer dans l'église. Dans une
espèce de grenier ou de chambre haute de l'église [1], je vis les portraits d'un grand nombre de rois de France, conservés dans des
armoires de bois [2]. La plupart sont simplement en buste avec la
couronne sur la tête. Mais le portrait du roi actuel est en pied,
avec sa robe de parlement, le manteau d'hermine et la couronne
sur la tête. Là encore je vis la couronne qui sert au couronnement
des rois de France, et celle qui sert au couronnement des reines,
toutes deux très riches et ornées d'un grand nombre de pierres
précieuses de beaucoup de valeur; le manteau doublé d'hermine
qui sert aux rois le jour de leur avènement; les souliers de velours
frappé couverts de fleurs de lys brodées qu'ils portent le même
jour; leurs éperons d'or battu; l'épée du roi Salomon [3], dont la
poignée est d'or massif; sa coupe à boire creusée dans une pierre
de grand prix [4]; une riche tasse à boire de Jean de Gand, duc de

1. Il s'agit de la salle du Trésor, qui était placée sur le côté méridional de
l'église, auprès du cloître.

2. « Set in certain woden cupbords. » Ce sont sans doute des tableaux à
volets de bois. Dom Germain Millet, dans sa description du Trésor de Saint-
Denis (4° édit., 1646, p. 130), dit que le portrait d'Henri IV était placé dans
un buffet, ce qui rend bien l'expression employée par l'auteur anglais.

3. Cette épée du roi Salomon est la même que l'épée dite de Charlemagne
qui a été portée à la Bibliothèque nationale au moment de la Révolution.
Elle a fait partie du musée des Souverains pendant le second empire, et se
trouve de nouveau conservée à la Bibliothèque depuis 1871.

4. Cette coupe de Salomon n'est pas, comme on pourrait le croire, la coupe
des Ptolémées, aujourd'hui conservée à la Bibliothèque nationale (Chabouillet,
Catalogue, n° 279). Dom Doublet et Dom Germain Millet donnent ce nom à
« une très riche tasse qui servit jadis au grand Roy Salomon, enrichie de
hyacinthes par le bord, et au dedans de grenats et d'émeraudes très fines, au
fond d'un très beau saphir blanc, sur lequel est entaillé à demy-relief la

Lancastre ; deux crucifix d'une valeur inestimable, garnis d'une
incroyable variété de pierres précieuses, escarboucles, rubis, dia-
mants, etc. ; deux sceptres d'or massif que le roi et la reine tiennent
à la main pendant leur couronnement ; un modèle en argent de
Notre-Dame de Paris, monument d'une grande valeur, car il
contient toutes les richesses de Notre-Dame, en or, bijoux, etc. [1].
Tout ce dont je viens de parler se trouve dans cette même chambre.
Quand je sortis de cette pièce, je descendis une couple d'étages et
j'entrai dans le chœur, où, à côté du grand autel, je vis les tom-
beaux et les monuments en albâtre élevés à la mémoire des anciens
rois et reines de France. Je remarquai entre autres le monument
de Charles le Chauve, roi de France et plus tard empereur, qui
donna à l'abbaye l'un des clous qui servirent, à ce qu'on dit, à
crucifier le Christ ; ce clou est enchâssé dans une boîte ou gaîne
d'argent qui forme la partie supérieure d'un beau reliquaire d'argent doré [2]. Ce Charles vécut vers l'an 841 et mourut à Mantoue,

figure dudit *Roy* séant en son throsne, tel que l'Écriture Saincte le représente au 3ᵉ livre des Rois, chap. 10. Cette tasse a été donnée par l'empereur
Charles le Chauve. » (*Le Trésor sacré de Saint-Denys*, 4ᵉ éd., p. 120. Cf.
Doublet, *Hist. de l'abb. de St-Denys*, t. I, p. 342.) Il est facile de reconnaître dans cette description la célèbre coupe de Choerœès, conservée depuis
1793 à la Bibliothèque nationale (Chabouillet, *Catalogue*, n° 2538).

1. Il est douteux que ce reliquaire représentât l'église Notre-Dame de Paris.
Dom Michel Germain parle bien d' « une très belle châsse d'argent de
médiocre grandeur, faite sur le modèle de l'église Notre-Dame de Paris, les
deux tours, le petit clocher, le portail et tout le reste très bien représentés et
fort industrieusement élabourez » (*op. cit.* p. 91) ; mais il ajoute que « cette
châsse ou petite église estoit jadis enclose en une ville toute d'argent, qui
représentoit la Guierche, et fut donné   ur le roi Louis XI pour un vœu faict
au glorieux martyr saint Denys. » L autre part, Félibien a figuré un reliquaire du même genre (*Hist. de l'abb. de St-Denys*, pl. II, p. 538, lettre o)
qui aurait été donné à l'abbaye par le cardinal Jean de Villiers, évêque de
Lombez et abbé de Saint-Denys, de 1474 à 1499. S'agit-il réellement de deux
monuments distincts, ou bien d'un seul reliquaire auquel on aurait appliqué
deux traditions contradictoires ? Peu importe, d'ailleurs, puisqu'il ne reste
rien du monument remarqué par Coryate.

2. Voici la description que dom Michel Germain donne de ce précieux
objet : « Ce sacré reliquaire est enfermé en une enchasseure d'argent doré
faite de fleurs de lys à jour, il s'ouvre par les deux bouts pour faire voir la
teste et la pointe du sainct Clou. Il estoit jadis porté par cinq images qui
furent ravies et perdues aux troubles de la Ligue, depuis quel temps il estoit
demeuré sans autre ornement que l'enchasseure susdite, sinon un petit pied
d'argent doré sur lequel il estoit posé, et deux petits anges d'yvoire aux
deux costés. » En 1642, le reliquaire mentionné par Coryate fut remplacé

comme je le dirai plus tard en parlant de cette ville. Je notai
encore : une croix d'une richesse inestimable, toute surchargée
d'une abondance de pierres précieuses de toute espèce, donnée
par le roi Dagobert, le fondateur de l'église [1]; une cuve baptismale
en porphyre, également donnée par le même roi, qui, après s'être
emparé de Poitiers, l'apporta de là à Saint-Denis [2]. Je vis
aussi le tombeau du même Dagobert avec son effigie et au-dessous
cette épitaphe :

> Fingitur hac specie bonitatis odore refertus
>   Istius ecclesiæ fundator Rex Dagobertus,
> Iustitiæ cultor, cunctis largus dator æris :
>   Affuit et sceleris ferus ac promptissimus ultor.
> Armipotens bellator erat, velutique procella
>   Hostes confregit, populosque per arma subegit [3].

Puis aussi le monument de, Charles Martel, le grand-père de
Charlemagne. C'était un homme célèbre en son temps. Il était
duc de Brabant et portait en latin le titre de *major domus*, maire
du palais, c'est-à-dire préfet de la maison du roi. C'était alors une
haute dignité à la cour de France, et celui qui en était revêtu,
comme Martel, lequel en jouit pendant vingt-six ans, était consi-
déré comme le premier personnage du royaume après le roi. Cet
homme est célébré dans mainte histoire devenue classique pour ses
nombreux exploits, principalement pour la glorieuse victoire
qu'il remporta sur Abdérame, roi des Sarrasins, qu'il tua auprès
de Tours, avec toute son armée montant à 375,000 hommes. De
son côté il ne perdit que 1500 hommes. Voici l'épitaphe inscrite
sur son tombeau :

---

par un nouveau reliquaire dont le dessin nous a été conservé par Félibien
(Germain, *le Trésor sacré de St-Denys*, 4ᵉ éd., p. 86, 87. — Félib. *Hist. de
St-Denys*, p. 336, pl. I, nᵒ D).

1. Cette croix, suivant la tradition, était l'œuvre de saint Éloi (Mich. Germain, *le Trésor de St-Denys*, p. 12).

2. Cf. Félibien, *Hist. de l'abb. de St-Denys*, p. 532.

3. Le tombeau de Dagobert était placé dans le chœur, à droite du grand
autel. Un autre monument, élevé à l'entrée du cloître, représentait le même
prince assis, couronne en tête, le sceptre et le globe à la main. C'est au
bas de ce second monument qu'étaient gravés les vers cités par Coryate
(D. Michel Germain, *le Trésor de Saint-Denys*, p. 149. — Félibien, *Hist.*,
p. 552).

Ille Brabrantinus Dux primus in orbe triumphans,
  Malleus in mundo specialis Christicolarum,
Dux dominusque Ducum, Regum quoque Rex fore spernit,
  Non vult regnare, sed Regibus imperat ipse[1].

Puis le tombeau de Charles, l'aîné des trois fils de Charlemagne, né de sa seconde femme Hildegarde, la fille du fameux Godefroy, duc d'Allemagne. Ce Charles fut fait, par son père, roi de Germanie.

Une corne de licorne, estimée cent mille couronnes, ayant environ trois yards de longueur. Elle est tellement longue que j'en pouvais à peine atteindre le sommet.

Le tombeau de la feue reine-mère Catherine de Médicis, monument d'une grande richesse fait en albâtre, avec sa statue et celle de son mari Henri II sur le dessus. Ce tombeau est estimé vingt mille couronnes. Aux deux bouts on remarque des figures de femmes faites en métal précieux et dont chacune a coûté deux mille couronnes. Tout autour du tombeau se voient de riches piliers de marbre, dont les bases sont également en marbre.

Une très riche châsse, contenant le corps de saint Denis, le dieu tutélaire ou patron de la France, et ceux de ses deux compagnons, Rustique et Eleuthère. Sur cette châsse je vis la tête de saint Denis enfermée dans un reliquaire d'une richesse extraordinaire, orné de pierres précieuses d'une grande valeur. Mais je ne vis pas fort bien la tête de saint Denis, je n'en aperçus que la partie antérieure à travers une lame de cristal et à la lumière d'un cierge[2].

---

1. Il est remarquable qu'aucun des historiens de Saint-Denys ne mentionne cette épitaphe. Félibien dit que le tombeau de Charles Martel, refait à l'époque de saint Louis et qui se voyait encore au xviiie siècle dans le chœur de l'église, ne portait pour épitaphe que les mots KAROLUS MARTELLUS REX (*Hist. de St-Denys*, p. 39). Notre savant confrère M. Paul Meyer, à qui j'ai dû la connaissance de l'ouvrage de Coryate, a retrouvé l'épitaphe citée par notre auteur dans un opuscule anglais de la fin du xve siècle, *The Debate betwene the Heraldes of England and Fraunce*, de John Coke, opuscule certainement inconnu de Coryate. Coke l'avait prise dans l'*Alder excellente Cronyke van Brabant*, l. II, c. xv. M. Meyer a consigné cette observation dans les notes qu'il a jointes à l'édition du *Débat des hérauts d'armes*, entreprise par notre regretté confrère Léopold Pannier pour la Société des anciens textes français (voir p. 161, 162).

2. Il y a un peu de confusion dans cette partie du récit. La tête de saint Denys était renfermée dans un magnifique chef d'orfèvrerie donné à l'abbaye

Enfin au milieu de bien d'autres monuments je citerai celui du cardinal de Bourbon, avec sa statue placée sur le sommet du tombeau, en habit de cardinal, avec ses armes et son écusson.

Voilà pour l'abbaye de Saint-Denis.

Pierre Molinus[1], un fameux et savant protestant, prêchait généralement le dimanche, de quinzaine en quinzaine, dans un lieu nommé Charenton, à quatre milles environ de Paris. Il y réunissait un nombreux auditoire montant parfois à près de 5,000 personnes. Là aussi prêchaient deux hommes de grand savoir, Monsieur Durand[2] et Monsieur de Montigny.

Le samedi 28 mai, vers 1 heure de l'après-midi, je partis en poste pour aller voir le magnifique palais de Fontainebleau, situé à 28 milles de Paris. J'y arrivai vers huit heures du matin. Le roi y tenait alors sa cour.

Un peu après avoir dépassé l'avant-dernière poste avant d'arriver à Fontainebleau, survint l'incident que voici. Mon cheval se trouva si fatigué que, malgré les éperons dont je lui écorchais les côtes, il ne voulait plus avancer d'un pas sans être roué de coups de fouet : sur ce, l'un de mes compagnons, un monsieur I. H., s'épuisa à le rosser ; à la fin, quand il vit qu'il était tellement à bout qu'on ne pouvait le faire avancer à l'aide du fouet, il tira sa rapière et la lui enfonça dans la fesse, tout près du fondement, à

---

par Mathieu de Vendôme (Félibien, *Hist. de St-Denys*, p. 540, pl. III, n° A). Elle était déposée dans une des armoires du trésor. Quant aux corps de saint Denys et de ses deux compagnons, ils reposaient dans une grande châsse placée dans l'église derrière l'autel des Martyrs. Cet autel et la châsse qui y était jointe furent entièrement refaits de 1626 à 1628 (Michel Germain, p. 45). M. Viollet-le-Duc en a dessiné une ingénieuse restitution d'après la description qu'en avait donnée Doublet un an à peine avant qu'ils fussent détruits (*Dictionn. d'arch.*, t. II, p. 23, 24 et fig. 6).

1. Lisez *Molinæus*. Il s'agit de Pierre Du Moulin, fameux pasteur protestant, qui fut professeur à Leyde, devint pasteur de Charenton en 1599, prit une part active aux discussions soulevées dans les synodes des premières années du règne de Louis XIII, fut obligé de se retirer à diverses reprises à Sedan et à Londres et finit par mourir à Sedan, en 1658, à l'âge de 90 ans. (Voy. Haag, *La France protestante*, t. IV, p. 430 et s.)

2. Samuel Durant ou Durand, né vers 1580 et mort en 1626. Il fut également pasteur de Charenton au commencement du xvII° siècle et joua un rôle important dans les grands synodes protestants de son temps. (Haag, *La France protestante*, t. IV, p. 494 et s.)

près d'un pied de profondeur. Notre guide ne s'aperçut de la chose qu'à la dernière poste, et seulement au moment où nous en repartions. Mon ami demeura avec moi un peu en arrière de notre compagnie et lava soigneusement dans une mare la blessure du cheval, espérant par là arrêter le sang; mais autant vouloir blanchir un Éthiopien : il perdit ses peines, et le sang se remit à couler malgré tous les lavages. Quand le guide s'en aperçut, il entra dans une grande colère, menaça M. I. H. d'aller à Fontainebleau se plaindre au maître de poste, s'il ne recevait pas satisfaction; et se mit à galoper à notre suite pendant un mille ou deux. A la fin, M. I. H., fort perplexe et voyant qu'il n'y avait d'autre remède que d'entrer en composition avec lui pour éviter de grands ennuis, lui donna six couronnes de France pour lui fermer la bouche.

Le palais de Fontainebleau doit son nom aux sources et aux fontaines qui l'arrosent de tout côté et qui en font le plus charmant endroit que j'aie jamais vu; et je ne crois pas que dans toute la chrétienté on puisse trouver un lieu qui vaille celui-ci pour l'abondance de ses eaux.

A trois ou quatre milles avant d'arriver à Fontainebleau, j'ai traversé une forêt qui porte le nom de forêt de Fontainebleau; cette forêt est très grande et l'on y remarque des millions de rochers énormes, dont la plupart sont si gigantesques que vingt chariots traînés chacun par dix bœufs ne suffiraient pas à en déplacer un seul. Le nombre en est si grand tant dans la forêt qu'aux alentours, que plusieurs collines et vallons en sont complétement remplis, si bien qu'en les apercevant de loin on croirait voir quelque grande ville. La forêt est aussi peuplée de sangliers et de cerfs.

Le palais est le plus agréablement situé que j'aie jamais vu. Il est dans une vallée entourée des deux côtés par la forêt. A quelque distance s'élèvent ces collines couvertes de rochers dont je viens de parler. On traverse trois ou quatre belles cours pavées en grès. Dans la première on voit une excellente statue en pierre blanche représentant un grand cheval[1]. Il est placé sous un élégant toit

---

1. Ce cheval était en plâtre. C'était un moulage du cheval de Marc Aurèle placé à Rome devant la porte du Capitole. Il avait été élevé dans cette cour du temps de Catherine de Médicis, d'où le nom de cour du Cheval blanc, qui fut conservé après que le cheval eut été enlevé, ce qui eut lieu en

d'ardoise. La seconde cour [1] est bien plus belle encore. On y voit
une galerie à jour, avec une balustrade de fer soutenue sur de
nombreux petits pilastres de fer [2]. Dans la troisième [3], qui mène
aux fontaines et aux promenades du parc, on voit deux sphinx
en bronze curieusement ciselés, et à côté, dans un renfoncement
pratiqué dans la muraille, deux autres statues de bronze représentant des hommes sauvages [4]. Les poètes racontent que du temps du
roi Œdipe, il y avait auprès de Thèbes en Béotie un monstre
ayant une figure de femme, un corps de chien, des ailes d'oiseau,
des griffes de lion et une queue de dragon : on l'appelait le Sphinx,
et c'est à sa ressemblance que sont faits les sphinx de Fontainebleau. Dans cette même cour, il y a un délicieux bassin au centre
duquel se dresse un rocher artificiel habilement aménagé; l'eau
en sort par un trou percé au sommet et par quatre ouvertures
pratiquées sur les côtés d'où elle tombe dans quatre coquilles. Il
y a encore à quelque distance des angles de ce rocher quatre têtes
de dauphins de bronze d'où l'eau s'échappe également. Tout près
de cette fontaine, il y a une pièce d'eau où l'on remarque une
quantité de carpes énormes. Cette pièce d'eau est très grande, mais,
du côté de la fontaine que je viens de décrire, elle est assez
étroite et est entourée d'une belle balustrade portée sur des
balustres de pierre de taille. Dans un des jardins, il y a un autre
magnifique bassin, au milieu duquel se trouve également un
rocher artificiel, garni de mousses et de plantes qui le feraient
prendre pour un rocher naturel. Au sommet du rocher on a placé
une statue de bronze représentant Romulus. Elle est très large-
ment faite. Le héros est étendu, il s'appuie sur un de ses coudes.

1626 (Guilbert, *Descr. hist. du chât., bourg et forêt de Fontainebleau,*
t. I, p. 44).

1. La cour ovale.

2. Coryate semble avoir fait ici une confusion. La balustrade de fer mise
sous Henri IV est fort simple et n'a pas de pilastres ; les pilastres dont il
est ici question sont probablement les colonnes fuselées, en grès de couleur
sombre, qui portent la terrasse de cette galerie.

3. Cour de la Fontaine.

4. Qu'est-ce que ces hommes sauvages ? Notre savant confrère M. de Mon-
taiglon m'a rappelé un passage des *Mémoires de Benvenuto Cellini* où il est
question d'hommes sauvages que l'illustre florentin devait exécuter pour
Fontainebleau. Mais la description qu'en donne Cellini ne concorde guère avec
ce que dit Coryate, et rien ne prouve que les figures dont parle Cellini aient
jamais été exécutées.

Sous l'une de ses jambes on remarque la louve tenant pendus à ses
mamelles ses deux nourrissons, Romulus et Remus. Aux quatre
coins du rocher, il y a quatre cygnes de bronze qui jettent de
l'eau, et aux quatre angles du bassin, quatre magnifiques coquilles
d'où l'eau coule sans cesse. Ce bassin, comme le précédent, est
entouré d'une belle balustrade de pierre blanche. La statue d'Her-
silie, la femme de Romulus, toujours en bronze, se voit à quelque
distance du bassin, dans un renfoncement du mur d'une des galeries. Les parterres du jardin sont bien entretenus, mais on ne
peut les comparer, ni pour leur dessin, ni pour leur composition,
à bon nombre de nos jardins anglais, car les bordures de la plupart des parterres sont en buis coupé très court et très bien tenu.
Les allées sont nombreuses, quelques-unes sont fort longues et
d'une bonne largeur; elles sont bien sablées et très proprement
tenues. L'une entre autres est bordée de deux haies de noisetiers
fort bien taillées et couvertes de fruits, dans lesquelles on a pratiqué
de nombreuses tonnelles. De charmants ruisseaux remplis de
poissons exquis coulent le long de la plupart des allées. La source
principale, celle que l'on nomme Fontaine Beleau[1], qui fournit
les autres sources et ruisseaux et qui a donné son nom au palais
du roi, est peu considérable, mais belle cependant. Henri IV, qui
régnait encore quand j'y ai été, l'avait récemment enfermée dans
un bassin de pierre dont le fond était pavé; il avait fait disposer
tout autour de beaux bancs de pierre, et à l'extrémité ouest on
avait élevé une sorte de grand mur de pierre de taille orné de ses
armes[2].

Dans deux des allées j'ai remarqué deux hêtres dignes d'être
signalés. Ils sont admirables, non pas tant par leur hauteur, car
j'en ai vu de plus grands en Angleterre, mais par leur grosseur.
Trois hommes, les bras étendus, ont peine à en embrasser le tour.
Auprès d'une petite écurie pour les chevaux du roi, à l'extrémité
du parc, on me mena par une porte à un joli jardin tout vert, où
je vis des faisans de toute espèce. Il paraît qu'à certaines époques
il s'abat ici un si grand nombre de faisans sauvages de la forêt,
des bois et des fourrés d'alentour, qu'on ne les estime pas à moins
d'un millier. J'ai vu là deux ou trois oiseaux que je n'avais jamais

---

1. C'est la source du jardin des Pins.

2. La construction que Coryate décrit ici fut détruite en l'année 1713 (Guilbert, t. II, p. 99).

vus avant, mais sur lesquels j'avais ' les choses étonnantes dans
Elien, dans Polyhistor et d'autres historiens; ce sont des cigognes.
Ces oiseaux fréquentent les villes et villages des Pays-Bas, spécialement en été. J'en ai vu depuis à Fluthing, en Zélande. Les
personnes sur les maisons desquelles les cigognes s'abattent, con-
sidèrent cela comme un heureux présage, et c'est un mauvais
signe quand les cigognes abandonnent une maison. Ce sont des
oiseaux blancs avec de longues jambes et des becs d'une longueur
extraordinaire. Certains auteurs prétendent qu'ils n'ont pas de
langue. On raconte qu'ils étaient jadis en si grande estime chez
les Thessaliens, parce qu'ils détruisaient les serpents, que l'on
regardait comme un crime capital de les tuer, et l'on punissait
comme un meurtrier celui qui tuait une cigogne. On dit que
lorsqu'une cigogne est devenue si vieille qu'elle ne peut plus se
nourrir elle-même, les jeunes se chargent de la faire vivre et lui
apportent la nourriture sur leur dos; et s'ils n'ont rien pu trouver
à lui apporter, ils rejettent ce qu'ils ont mangé la veille pour en
nourrir leur vieux parent. Cet oiseau se nomme en grec πελαργος,
de là vient le verbe ἀντιπελαργειν, qui signifie chérir ses parents
comme le font les cigognes. C'est à coup sûr un bel exemple à
suivre pour les enfants lorsque leurs parents ne sont plus en état
de se suffire. Je vis encore là trois autruches, un mâle et deux
femelles. Ces bêtes se nomment en latin *struthiocamelli;* les historiens assurent qu'elles peuvent manger du fer, comme une clef
ou un fer à cheval. Leurs cous pelés, bien plus longs que ceux des
grues, n'ont que quelques rares petites plumes. Leur taille dépasse
celle de l'homme le plus grand. Leurs pieds et leurs jambes, qui
sont remarquablement longues, sont nus et pelés; leurs cuisses et
leur derrière sont non-seulement nus, mais si rouges et écorchés
qu'on croirait qu'elles ont attrapé du mal. Mais elles sont ainsi
naturellement. Leurs têtes sont couvertes de petits tronçons de
plumes, leurs yeux sont grands et noirs, leurs becs courts et aigus;
leurs pieds fourchus ressemblent à un sabot, et leurs ongles sont
faits de telle sorte qu'ils peuvent prendre des pierres et les jeter
aux ennemis qui les poursuivent, assez fort pour leur faire mal.
Les plumes de leurs ailes et de leur queue, surtout de la queue,
sont très douces et très fines. Aussi s'en sert-on beaucoup pour
faire des éventails de dames. Les auteurs s'accordent à dire que
c'est un animal stupide, car il se cache parfois la tête derrière un
buisson et croit qu'on ne le voit pas. On dit aussi qu'il a si peu

de mémoire qu'après avoir pondu il oublie complètement ses œufs jusqu'à ce que ses petits soient éclos.

J'ai vu deux écuries contenant les chevaux de chasse du roi, il pouvait y en avoir une quarantaine. C'était des chevaux hongres et des bidets très fins et très beaux, mais qui ne peuvent se comparer, ni pour la finesse des formes, ni, je crois, pour la vitesse, aux chevaux de chasse de notre roi. Un peu en dehors d'une des portes du palais se tenaient quelques gardes, bien en rang, le mousquet chargé et au repos. Ils restent ainsi jour et nuit. Beaucoup de leurs mousquets sont fort beaux, ils sont couverts d'incrustations d'os ou d'ivoire. Puisque j'ai mentionné les gardes, je vais en parler plus en détail d'après les informations que j'ai pu recueillir en partie à la cour de France, en partie dans les entretiens que j'ai eus depuis mon retour en Angleterre avec mon estimable et savant ami M. Laurence Whitaker.

La garde royale se compose de Français, d'Écossais et de Suisses.

Les gardes françaises sont divisées en trois classes. La première forme le régiment des gardes, composé de 1600 hommes à pied, mousquetaires, arquebusiers et piquiers. Ils sont de service à tour de rôle : 200 hommes à la fois devant la porte du Louvre, à Paris, ou devant la maison du roi, en quelque lieu qu'il s'arrête. La seconde comprend les archers, qui obéissent au capitaine de la porte et sont de garde à la porte même, il y en a une cinquantaine. La troisième comprend les gardes du corps au nombre de 400, dont 100 sont Écossais. Ceux-ci sont des archers et des arquebusiers à cheval. Les Suisses forment un régiment de 500 hommes ; ils montent la garde devant la porte du palais, alternativement avec le régiment français. Il y en a 100 autres, armés seulement de hallebardes et d'épées, qui sont de faction dans l'antichambre du roi partout où il s'arrête. Les archers de la garde du corps portent des manteaux de drap blanc à longues basques et à demi-manches ; leurs basques sont mélangées de rouge et de vert, et le corps du manteau est orné de mailles d'argent tout uni, mais non aussi épaisses que les riches cottes des gardes anglais. Les Suisses n'ont pas de manteaux, mais des pourpoints et des hauts-de-chausse formés de carreaux rouges et jaunes, ou rouges et bleus, ornés de longs bouillons de taffetas jaune et bleu sortant d'entre les carreaux. Ils ont en outre des braguettes de même couleur ; ces braguettes, que Rabelais, ce joyeux écrivain, déclare être la première et principale pièce de l'armure, les Suisses les portent comme un symbole significatif du service qu'ils doivent faire auprès du roi de France en temps de guerre, et de l'importance du laborieux emploi qu'ils ont en temps de paix, qui consiste à être toujours prêts à servir en tout temps. Voici d'où vient qu'ils portent ces vêtements de couleur mi-partie et ces braguettes. Ils ne les portaient pas avant l'année 1476, époque à laquelle ils prirent leur revanche sur Charles, duc de Bourgogne, pour la prise de la ville de Granson, dans le canton de Berne. Après sa défaite et sa fuite honteuse, ils trouvèrent dans le camp du duc de riches dépouilles que l'on estime à près de trois millions. Mais les Suisses, ignorant la valeur des plus belles choses, mirent en pièces les tentes les plus somptueuses pour s'en faire des vestes et des culottes ; quelques-uns vendirent des plats d'argent au prix de l'étain pour deux pence et demie la pièce, et une grande perle suspendue à un joyau du duc fut vendue douze pence : en souvenir de cette simplicité stupide, le roi Louis XI, qui l'année suivante prit les Suisses à ses gages, les dépouilla des riches vêtements qu'ils s'étaient taillés dans les tentes du duc de Bourgogne et décida qu'ils porteraient toujours des vêtements et des braguettes de couleur rouge et jaune. J'ai remarqué que tous ces Suisses portent des chapeaux de velours ornés d'une plume, et que beaucoup d'entre eux sont de gros lourdauds. Quant à leur attirail, il est si fantastique qu'un novice, nouvellement arrivé à la cour et qui n'en aurait jamais vu avant, croirait presque, s'il en voyait un, seul et sans armes, que c'est le fou du roi.

Je n'ai pu voir que peu de chambres dans le palais, parce que la plupart des Écossais de service le dimanche matin assistaient en ville à la noce d'un de leurs compatriotes, autrement ils m'avaient promis de me faire voir les principales salles. Je vis seulement quelques pièces où la garde écossaise se tient d'habitude et la chambre de parement, qui est une magnifique pièce. On y voit à l'un des bouts un autel avec un tableau représentant le Christ, et tous les ornements nécessaires pour célébrer la messe. A l'autre bout, la plus splendide cheminée que j'aie jamais vue. Elle est en marbre magnifique dont la beauté ressort surtout entre la corniche de la cheminée et le plafond de la pièce, où le feu roi Henri IV est représenté à cheval, avec une inscription latine en lettres d'or, placée au-dessus de son portrait, et rappelant ses vertus et la fin qu'il sut mettre aux guerres civiles. Aux deux angles supérieurs sont représentés d'une façon vivante deux lions entou-

rés de curieuses devises, ce qui complète admirablement l'ensemble
de l'œuvre [1]. Cette cheminée a coûté au roi 80,000 couronnes de
France, ce qui équivaut à 24,000 livres sterling, comme me l'a
appris certain gentilhomme irlandais, qui se trouvait dans la
chambre. Je n'étais pas sorti de la chambre de parement quand un
prêtre commença à dire la messe, revêtu d'une très riche chasuble.
Bon nombre de nobles et de gentilshommes de haut rang qui
étaient à la cour vinrent assister à la messe. Parmi eux se trouvait
un grand personnage, M. le Grand, premier gentilhomme de la
chambre après le duc de Bouillon, grand-maître de l'écurie et
chevalier du Saint-Esprit. Il portait sur son manteau l'insigne de
cet ordre, qui est une croix d'argent richement brodée, au milieu
de laquelle se voit une colombe, image du Saint-Esprit. Mon
gentilhomme irlandais me dit que ses revenus s'élevaient à
200,000 écus de France, ce qui fait une soixantaine de mille
livres sterling. Quant à l'ordre du Saint-Esprit, il fut créé, en 1578,
par Henri III, roi de France et de Pologne ; ce prince mit cet
ordre sous l'invocation du Saint-Esprit, parce qu'il avait été élu roi
de Pologne le jour de la Pentecôte. Les chevaliers du Saint-
Esprit, ainsi que ceux de Saint-Michel, sont particuliers à la
France, comme les chevaliers de la Toison d'or et ceux de
Santiago ou de Saint-Jacques à l'Espagne, ceux de l'Annoncia-
tion à la Savoie, ceux de Saint-Étienne à Florence et les chevaliers de Saint-Georges à l'Angleterre.

On attendait le dauphin à la messe, mais je m'en allai avant
son arrivée. Je le rencontrai, accompagné de divers gentilshommes
de la cour, revenant de l'un des jardins. Il monta directement à la
chambre de parement pour entendre la messe. Il avait alors environ
sept ans. Sa figure est pleine et joufflue, ses cheveux noirs ; son
regard, plein d'énergie et de courage, témoigne d'un esprit hardi et
éveillé. Sa parole est rapide, de sorte que les mots semblent couler
avec une volubilité pleine de grâce. Son pourpoint et son haut-de-
chausses étaient de satin rouge galonné d'or. Le titre de dauphin
fut acquis au fils aîné du roi de France par Philippe de Valois

---

1. Cette cheminée, œuvre de Jacquet de Grenoble, était connue sous le nom
de *la belle cheminée*. Elle existe encore en partie. Le roi Louis-Philippe en
a utilisé les restes dans la cheminée de la salle des Gardes. La statue équestre
d'Henri IV qui l'ornait jadis a été également conservée, mais elle orne
aujourd'hui la cheminée de la chambre dite de Saint-Louis (Vatout, *le Palais
de Fontainebleau*, p. 602).

qui monta sur le trône en 1328. Imbert ou Hubert, dernier comte de Dauphiné et de Viennois, que l'on appelait dauphin de Viennois, ne pouvant se consoler de la mort prématurée de son fils unique, résolut de s'enfermer dans un couvent de Jacobins et de vendre sa seigneurie au pape, qui était alors Jean XXII, pour un prix minime. Cette seigneurie venait d'être érigée en comté; c'était auparavant une portion du royaume de Bourgogne. La noblesse du pays le persuada de vendre plutôt ses états au roi de France. Il les vendit donc à Philippe de Valois à condition que le fils aîné du roi de France à perpétuité s'appellerait dauphin pendant la vie de son père. Le premier qui porta ce titre fut Charles V, qui mourut sur le trône en 1364.

Je vis aussi dans le jardin le duc d'Orléans, second fils du roi, porté dans les bras d'une dame. Il avait alors un an et dix mois, à ce que me dit un garde écossais. C'est un magnifique enfant joufflu. Un peu en avant de lui marchait une autre dame tenant un parasol en taffetas rouge, en forme de petit dais, brodé et frangé d'argent, avec un long manche, qu'elle portait au-dessus de la tête de l'enfant pour garantir sa figure du soleil. Je vis en outre le jeune prince de Condé, gentilhomme d'une vingtaine d'années, le premier personnage de France après le roi. Je vis aussi un digne et brave gentilhomme allemand, un protestant, qui avait rendu de grands services à l'empereur dans ses guerres contre les Turcs. Il avait été à la cour d'Angleterre, notre roi l'avait royalement accueilli et l'avait fait chevalier. A son départ, notre roi l'avait gratifié de magnifiques présents, à ce que me dit un gentilhomme irlandais à la cour de France. Pendant son séjour en Angleterre c'était un grand jouteur. Il menait grand train à Fontainebleau. Son manteau était splendidement orné, moitié de galons d'argent, moitié de perles. Sur son chapeau il portait un riche rubis aussi gros que mon pouce au moins.

Voilà tout ce que j'ai vu à Fontainebleau.

Imprimerie Daupeley-Gouverneur, à Nogent-le-Rotrou.